शायरों का काफिला

नाम और कलाम

सुहैल अनवर

Made with ♥ on the Notion Press Platform
www.notionpress.com

क्रम-सूची

क्रम-सूची

1. आगाज़ -ए- तार्रुफ़

सुहैल अनवर

(आर्टिस्ट। लिरिसिस्ट। पोएट। ऑथर। एडिटर। पब्लिशर)
साया ए किताब " शायरों का काफिला "
संभल, मुंबई

" शायरों का काफिला "

मेरे प्यारे दोस्तों और सभी किताब " शायरों का काफिला "
पढ़ने वालों को अस्सलामुआलैकुम ,आदाब
उम्मीद करता हूँ की आप सभी बहुत अच्छे होंगे और मेरी
साया ए किताब " शायरों का काफिला " पढ़कर आप लोग
बहुत खुश होंगे और ज़िन्दगी में शायरी नज़्म ग़ज़ल
पढ़कर कुछ महसूस करेंगे और कुछ ना कुछ सीखेंगे
ये किताब साया करने के पीछे मेरा मक़सद है तो बस
इतना है की अदबी दुनिया और देशभर से दुनिया भर का

प्यार आपस में बना रहे
और शायरों का काफिला आगे बढ़ता रहे सब ही की कुछ
ना कुछ यादें होती है और दुनिया में यादों की ही तो
दोस्तों साथियों बातें होती है
इस किताब में मेरे अजीजों और दोस्तों ने बहुत साथ दिया
उन्होंने अपना अपना कीमती वक़्त निकाल कर अपना
अपना कलाम भेजा और मैंने सभी शायर और शायराओं
का इस किताब में बखूबी इस्तक़बाल करते हुए सब ही के
कलामों को मेहफ़ूज़ किया और इस तरह यह सुनहरी और
यादगार किताब " शायरों का काफिला " का आगाज़ हुआ

2. अज़ीम सिराज़ी

अज़ीम सिराज़ी
गीतकार बॉलीवुड
जौनपुर, मुंबई

ग़ज़ल

सब की नहीं दिल की सुनना बेहतर है
तुम अच्छी हो तुम से मिलना बेहतर है
वैसे भी एक दिन तो हम को मरना है
इससे अच्छा तुम पे मरना बेहतर है
बातों के अंदर भी बातें होती है
बस अंदर की बात समझना बेहतर है
सबसे अच्छी दिल की रिश्ते दारी है
ये ना हो तो तन्हा रहना बेहतर है

3. डॉ० अफ़रोज़ आलम

डॉ० अफ़रोज़ आलम(जिद्दा- सउदिया अरबीया)

ग़ज़ल

क्या अजब लुत्फ़ मुझे सब्र के फल में आए
जैसे नुज़हत कोई रुक-रुक के महल में आए
हाय वो इश्क़ की नैरंग-ए-तमन्ना मत पूछ
मस्त हो-हो के मेरी शोख़ ग़ज़ल में आए
रुह को ताज़गी दे जाए है शबनम की तरह
जब भी वो शोला बदन मेरी बग़ल में आए
जब्र की हद से निकलने की तलब मे कुछ लोग
देखते-देखते सब दाम-ए-अजल में आए

अहल-ए-दुनिया मे कहाँ इतनी बसिरत, देखे
जो नज़र मुझ को तेरे माथे के बल में आए
लफ़्ज़ के हुस्न पे छा जाए है मानी का तिलिस्म
वो सलिक़े से अगर बहर-ए-रमल में आए
जाने क्या होगा तेरा रद्द-ए-अमल फिर आलम
उसका जब अक्स-ए-नज़र मेरी ग़ज़ल में आए

4. डॉ ० शाकिर इस्लाही

डॉ ० शाकिर इस्लाही ज़िला - मुरादाबाद (यू. पी.)

ग़ज़ल

दिल को अपने और दुखाया जा सकता है
अच्छे दिनों का सोग मनाया जा सकता है

अश्कों को पलकों पा सजा कर लाया हूँ
रूठे हुओं को यूं भी मनाया जा सकता है

डूबने वाला अब भी शायद ज़िन्दा हो
इस उम्मीद पा शोर मचाया जा सकता है

जिस से मरासिम दैरीना थे फिर उसको
इतनी जल्दी केसे भुलाया जा सकता है

ये भी मुमकिन है उसकी दिलजोई में
अपने सर इल्ज़ाम लगाया जा सकता है
दुश्मने जाँ भी प्यार जताने आये तो
उसको भी सीने से लगाया जा सकता है
प्यार भरी नज़रों से हमको देखे तो
दिल का भी दीदार कराया जा सकता है
उसकी खातिर हिज्र गवारा है शाकिर
इश्क़ में ये भी बोझ उठाया जा सकता है

5. ज़ीनत अफ़रोज़ संभली

ज़ीनत अफ़रोज़ संभलीज़िला - सम्भल (यू. पी)

ग़ज़ल

ग़म ही क्या मौत भी हम हँस के गवारा करते
वो जो नज़रों से हमें एक इशारा करते
उनसे मंसूब मेरे दिल की ख़ुशी थी वरना
उनकी फ़ुर्कत में कहाँ दिल को शरारा करते

काश रख लेते भरम वो जो मेरी चाहत का
तो यकीं उनपे मेरे यार दोबारा करते
उनकी खातिर ही सजा लेते मकां को अपने
वो जो इक बार मेरे घर का नज़ारा करते
एक आंसू जो मेरी याद में गिरता उनका
तो मेरे अश्क़ भी कुछ उनको पुकारा करते
गर अदा उनमें मुनाफिक की ना आयी होती
वो यहाँ मुझसे भंवर में ना कनारा करते
वो दिया अपनी वफाओं का जला देते तो
हम भी हिज्र की शब् यूँ ना गुज़ारा करते
हम खिज़ां को भी समझ लेते गुलिस्ता जैसा
वो किसी शाम अगर ज़िक्र हमारा करते
देख लेते जो उन्हें ख़ुआब में ज़ीनत उनकी
रोज़ तस्वीर को काग़ज़ पे उतारा करते

6. शाह आलम रौनक़

शाह आलम रौनक़
ज़िला - सम्भल (यू.पी)

ग़ज़ल

ग़रीब भूख की शिद्दत से हार जाता है
हर एक शख़्स ज़रूरत से हार जाता है
मुझे ज़माने से नफरत मिटा नही सकती
मेरा वजूद मोहब्बत से हार जाता है
यह और बात के हिम्मत के बाद भी इंसा
बुरा हो वक़्त तो क़िस्मत से हार जाता है।

जो दुश्मनी से कभी हारता नही यारों
गरज़ परास्त रिफाकत से हार जाता है।
वो बेकसूर है मुंसिफ को है खबर फिर भी
सितम यह है कि अदालत से हार जाता है
कभी वो जीत की दहलीज तक नही आया
जो अपने घर की बगावत से हार जाता है
जब एक बाप को गुरबत हरा नही पाई
वो एक जहेज़ की लानत से हार जाता है
यह ऐसा दौर है रौनक़ पढा लिखा लड़का
ज़हीन होके भी रिश्वत से हार जाता है

7. संकेत तिवारी

संकेत तिवारीमोर्शी, अमरावती (महाराष्ट्र)

चंद अशआर
सब बट चुके थे अपने अपने मज़हब के रंग में,
मैंने देखा हर मज़हब के कफ़न का कपड़ा सफ़ेद रंग में.!

--

कदम कदम पर जिसका हमे एहसास होता हैं,
जिसपर खुद से ज्यादा हमें विश्वास होता हैं,
बुरें वक़्त में जो हमेशा हमारे साथ होता हैं,
वही लम्हा हमारी ज़िन्दगी में बहुत ख़ास होता हैं.!!

8. जावेद अहमद

जावेद अहमदमुंबई (महाराष्ट्र)

ग़ज़ल

दुनिया की सारी औरतों के नाम

तुझे पाक सिपारा कहूँ, या कहूँ वज़ू का पानी.

तेरा मक़ाम सबसे आला, है आला तेरी कहानी.

कभी माँ बन के तूने, मुझे आंचल में छुपाया.

कभी रो पड़ी थी तू भी, किया मैंने जब नादानी.

मेरे गर्दिशों के दिन में, तूने हौसलों को सींचा.

तू बहन बन के देती रही, नई रोशनी को रवानी.

हुआ जब भी मैं तनहा, तूने मुझको गले लगाया,

माशूक बन के मेरी, किया मेरी ज़िन्दगी रूमानी.
बिखेरी आँगन में खुशियाँ, बनी बुजुर्गी का सहारा.
आई बन के मेरी बेटी, जैसे खुदा की हो मेहरबानी.
ए औरत तू मेरे लिए क्या है,कैसे बयां करूँ मैं,
तू आयातों सी है,जो खुदा से जोड़े रिश्ता रूहानी.

9. डॉ ॰ ज़ुबैर फ़ारूक़

डॉ ॰ ज़ुबैर फ़ारूक़दुबई

ग़ज़ल

अश्क़ बन कर ना मिली दीदा-ए- कातिल में जगह

फिर भला कैसे वो दे देता मुझे दिल में जगह

बैठने को वो ना कहता तो कोई बात ना थी

इतना कम ज़र्फ़ है देता नहीं महफ़िल में जगह

वो भी इक वक़्त था कतराके गुज़र जाता था

अब वो खुद ढूंढता फिरता है मुक़ाबिल में जगह

इस हक़ीक़त को तो तारीख भी झूठलाती है

बाइसे-जंग हई पहले कबाइल में जगह

अपने आगोश में ले लेते है फ़ारूक़ भंवर
अपनी कश्ती को जो मिलती नहीं साहिल में जगह

10. सुहैल अनवर

सुहैल अनवर
(आर्टिस्ट। लिरिसिस्ट। पोएट। ऑथर। एडिटर। पब्लिशर)

संभल, मुंबई

" हासिल नहीं "

हासिल नहीं कुछ भी हुआ
धड़का था दिल धड़का रहा

मुकम्मल नहीं कुछ भी हुआ

तड़पा था दिल तड़पा रहा

मुकद्दर नहीं कुछ भी हुआ
भटका था दिल भटका रहा

"सुहैल" नहीं कुछ भी हुआ
पागल था दिल पागल रहा

11. सतीश रौतेला

सतीश रौतेलापलवल (हरियाणा)

मैं गरीब हूँ साहब मोहब्बत कर ना सका,
बिकते हैं लोग यहाँ मैं खरीदार ना बन सका,
जो खरीद लिए गए वो दगाबाज़ निकले
मुझसे दगाबाज़ी ना हुई तो बेईमान कहलाया
लौट जाने दे मुझे उन राहो से अब हमेशा को
जहाँ वजूद मैं अपना मिट्टी मे मिला के आया
अकड़ नहीं किसी को तोड़ने की अब मुझमे
मैंने टूट कर खुद को तेरे जहाँ से बचाया हैं
बैठ जाने दे अँधेरे कमरे मे कुछ देर तो अब

दिल जला के मैं खुद के लिए रौशनी कर लूंगा
इतनी ओकात नहीं जो जुगनू से रौशनी कर लूंगा
ज़माने को समझा ना सका इसका अफ़सोस नहीं
जिसे समझाना चाहा, वो कभी समझा ही नहीं
पागल हुआ जिसके पीछे उसने मुड़कर देखा नहीं
ओकात मेरी जो थी उसने मुझे वही दिखाई
ठोकर खा कर बैठ जा, लब्ज़ ना खुले तेरे कभी

12. असलम कायमखानी

असलम कायमखानीजयपुर *(राजस्थान)*

ग़ज़ल

ये जो लगते है हमें कोई सहारों की तरहां

वो अक्सर बदल जाया करते हैं इन बहारों की तरहां।

वो हजारों में एक थे खुबसूरत बहुत यारों

हम दिखते थे ऐसे की, जैसे हजारों की तरहां।

गुरबत लिपटीं हुई है सिने से ज़ख्म की मानिंद

ग़म चिपके हुये हैं जिगर से दीवारों की तरहां।

ये गुमनामी के अंधेरे भी कभी साथ देंगें हमारा
देखना चमकेंगे एक दिन आसमां के सितारों की तरहां।
ये पैंकर में दिखता जिस्म कभी ख़ाक हो जायेगा
कब्रिस्तान में सोये मिलेंगे फिर हम मजारों की तरहां।

13. सबीहा सिद्दीकी

सबीहा सिद्दीकी न्यू दिल्ली

ग़ज़ल

ऐ इश्क़ तेरे जहां में क्यों
अंधेरों के नाग देखे थे .
मैंने तो उसकी आँखों में सदा
रोशन चिराग़ देखे थे .

वो बेहिस है बेखबर है मुझसे
मगर फिर भी .
मैंने तो उसकी राहों में खुशियों
के सुराग़ देखे थे .
उसके मुअत्तर तबस्सुम से बारहां
मैंने फरेब खाया है.
मैंने तो उसके वादों में सदा
सरसब्ज़ बाग देखे थे .
जहां की हर हसीं शै में
उसकी ही सूरत दिखती है .
मैंने कहाँ अपने कभी ऐसे
दिमाग़ देखे थे .
कुछ ज़ख्म वक़्त के मरहम से भी
भरते नहीं कभी .
मैंने उन ज़ख्मो के अपनी रूह पे
दाग़ देखे थे .
कानो को अब लगते नहीं भले
दुनिया के तराने .
मैंने जबसे तेरी बातों में दिलकश
सुरीले राग देखे थे .

❧❧❧

14. शहज़ाद खान

शहज़ाद खानरामपुर, मुंबई

चंद अशआर

दोस्त भी कहते हो
और ज़ाहिर भी नहीं करते
क्या कशमकश है ऐ खुदा
यह वो ही है या फिर कोई और

***

अपने जज़्बातों को ऐसे ही ज़ाहिर न कर
सब तेरी तरह फराक दिल नहीं होते

15. गाज़ी मोईन

गाज़ी मोईन

शायर, गीतकार
मुम्बई

ग़ज़ल

मुझे तो लगा के यहां हो रही है
मगर ये तो बारिश वहां हो रही है
किसी इक जगह पे ये टिकती नहीं है
के ख्वाहिश मेरी बे मकां हो रही है
लगा था के सब ठीक हो जाएगा पर
ख़तमे बेकली ये कहां हो रही है

ये चाहा था रखूं गा मैं उम्र भर
मगर याद उसकी धुआं हो रही है
ज़माना ये कैसा है आया हुआ अब
ये हस्ती तेरी बेनिशां हो रही है
ये किसकी ख़ता की सज़ा मिल रही है
नस्ल की नस्ल बे मकाँ हो रही है
दवाएं बड़ी ये तो महंगी हुई हैं
के सस्ती बहुत ही ये जां हो रही है
है किरदार इसमें तो मशकूक तेरा
कहानी जो तेरी बयां हो रही है

16. कौसर हयात

कौसर हयातबैंगलोर

चंद अशआर

मेरी हसरत का क्या बोलू मैं
गर जमीं को पा लूं मैं
तो आसमां देख नहीं सकती
गर आसमां को पा लूं मैं
तो जमीं को छू नहीं सकती

17. नदीम फ़राज़

शायर नदीम फराज़
अहरो, रामपुर (यू .पी)

ग़ज़ल

माताए इश्क़ हूँ अहसास की किताब हूँ मैं
वफ़ा की जिसमें चमक है बो आफ़ताब हूँ मैं
सजाले शौक़ से मुझको तू अपनी ज़ुल्फो में
तमाम उम्र जो महकेगा बो गुलाब हूँ मैं
बसा के रख्खा था तुमने जिसे ख्यालो में
तुम्हारी नरगिसी आँखों का बो ही ख्वाब हूँ मैं

वफ़ा ख़ुलूस मोहब्बत हो या वफादारी
तेरे तमाम सवालों का इक जवाब हूँ मैं
ज़माना कुछ भी कहे हम को क्या गरज़ इस्से
तू इंतखाब मिरा तेरा इंतखाब हूँ मैं
तेरे अज़ीम तख़य्युल को मानता हूँ मगर
तू शानदार अगर है तो लाजवाब हूँ मैं
नदीम पीके जिसे लोग होश में आयें
तसव्वुरात की दुनिया की बो शराब हूँ मैं

18. आज़म बरेलवी

आज़म बरेलवीबरेली , (यू .पी)

ग़ज़ल

किसी के ग़म में आँखों से लहू जारी नही करते
वो जो कमज़र्फ होते हैं वफ़ादारी नही करते
मुझे मालूम है उनको अमीरों से ही रग़बत है
किसी गुरबत के मारे से कभी यारी नही करते
ज़माने भर से छुप कर इश्क़ में दिल दान देते हैं
इबादत भी कभी हम लोग बाज़ारी नहीं करते

ख़ुदा के सामने आख़िर वो क्या मूँह लेके जायेंगे
जो ज़िंदा रहके भी मरने की तैयारी नही करते
हमारी शाइरी में दर्द है सारे ज़माने का
किसी महफ़िल में "आज़म" हम अदाकारी नही करते

19. अभिषेक श्रीवास्तव

अभिषेक श्रीवास्तव जिला - गोंडा (यू .पी)

ग़ज़ल

हो दिल में मैल जिसके वो मोहब्बत कर नही सकता,
खुदा को भूलने वाला इबादत कर नही सकता।।
बचाने जिंदगी अपनी उसी के पास जा पहुंचा,
जो अपने आप से अपनी हिफाज़त कर नही सकता।।

मैं उसकी चाह मे दुनियां से टकराने को राजी हूं,
मगर वो साथ देने की हिमाकत कर नही सकता।।
तुम्हारी याद में शामों सहर मसरूफ रहता हूं,
मै तुमको भूलकर दिल से बगावत कर नही सकता।।
करम उनपे करें कैसे जो हैं जज़्बात के कातिल,
जहां में कोई भी इन पे इनायत कर नही सकता।।
मेरा हमराज मुझसे ही हुआ रंजिश पे आमादा,
मगर उससे मैं बिल्कुल भी अदावत कर नही सकता।।

20. अफ़रोज़ आलम

अफ़रोज़ आलमकिशनगंज (बिहार)

चंद अशआर

अपनो गम के इतने पहाड़ खड़ा किए
बस जान में सांस चलती है।
किसी ऐसे एतीम को इतने दुख ना मिले
जैसा मुझ एतीम को है।

सुहैल अनवर

21. ज़ियाद हुसैन

ज़ियाद हूसैन " ज़िया "गोपालगंज, (बिहार)

ग़ज़ल

खोने से पहले कुछ पा लिया जाए,
बोझ अपने सिर पे ऊठा लिया जाए,
आहें भर के जिने मे मजा क्या है भला,
अच्छा है चोट दिल पे खा लिया जाए,
अंधेरो की हुकुमत हो ना जाऐ कहीं,
इससे पहले की दिप जला लिया जाए,

जिन्दगी मुख्तसर सि है कोन नहीं जानता,
बेदर्द दुनिया मे नाम अपना बना लिया जाए,
दिल को पत्थर बनाए रखने से अच्छा है,
खुश्क आंखो से ऑंसू बहा लिया जाए,
चमकते जिस्म को कब मिट्टी मे सोना पड़े,
अपने तुर्बत को फूलों से सजा लिया जाए,
मैं परेशान हूँआ जाता हूँ खुद कि परछाई से,
क्यो ना अपने दामन में आग लगा लिया जाए..!!

22. शकील सिकंद्राबादी

शकील सिकंद्राबादी जिला - बुलंदशहर, सिकंद्राबाद (यू .पी)

ग़ज़ल

ख़ामियाँ अपनी सुधारो दीन से यारी करो
ताके अब की बार तुम दुनिया पे सरदारी करो
डर के मत बैठो घरों में पैदा जीदारी करो
अब वतन के वास्ते मिटने की तय्यारी करो

नों महीने कोख में रक्खा है जिस माँ ने तुम्हें
सामने उस माँ के तुम आवाज़ मत भारी करो
ये कोई इन्सानियत है ये शराफत है कोई
बेकसों की जान पे ज़ुल्मो सितम जारी करो
कामयाबी की बुलंदी पर पहुंचना है अगर
जितनी अच्छी हो सके तुम से इदाकारी करो
क्या पता वो दोस्त बन जाएँ अदावत भूल कर
दुश्मनों के साथ भी अक्सर वफादारी करो
दाद देने पर तुम्हें मजबुर हो जाएँ सभी
पैश अपनी शायरी में ऐसी फनकारी करो
ये ज़रूरी तो नहीं के ग़म भुलाने के लिए
हाथ में बोतल उठाओ और मयख़्वारी करो
बैठे रहने से ते मंज़िल मिल नहीं सकती शकील
मंज़िलों की जुस्तजू है तो सफर जारी करो

23. असरार उल हक़ इसरार

असरार उल हक़ इसरारजिला - मेरठ (यू .पी)

ग़ज़ल

जानते थे ग़म तेरा दरिया भी था गहरा भी था

डूबने से पेश्तर सोचा भी था समझा भी था

आईना ऐ काश तू अपना बना लेता मुझे

फायदा इसमें बहुत तेरा भी था मेरा भी था

इक अज़ाबे जान थी उसकी तुनक खुई मगर

ज़ायका इस दर्द का तीखा भी था मीठा भी था

कैसे पढ़ लेता मैं उस चेहरे से अपना हाले दिल
वो रूखे जुगनू सिफ़त जलता भी था बुझता भी था
जाने जी में आसमां के आज ये क्या आ गयी
आज जो बादल बहुत गरजा भी था बरसा भी था
मुद्दतों मैंने किया है यूँ ग़ज़ल का मश्ग़ला
एक तेरे नाम को लिखता भी था पढता भी था
हमने तेरे अक्स को तक़सीम कब होने दिया
आईना तो बारहा टूटा भी था बिखरा भी था
दिल राहों में बहर-सूरत रही इक रौशनी
चाँद तेरे दर्द का बढ़ता भी था घटता भी था
जब वो रुखसत हो गए हमसे तो याद आया हमें
उनसे ऐ असरार कुछ कहना भी था सुनना भी था

24. क़ादिर किठौरवी

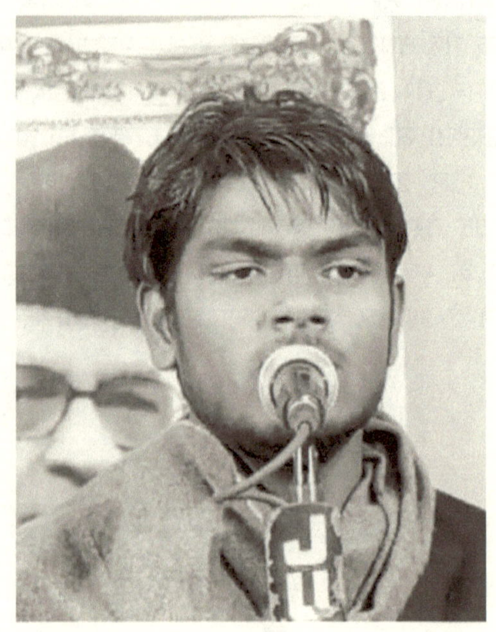

क़ादिर किठौरवीजिला - मेरठ कस्बा किठौर (यू .पी)

ग़ज़ल

ख़ुदा ही जाने ये कैसा मरज़ लगा मुझको
किसी तबीब की लगती नहीं दवा मुझको
मैं दुश्मनों की शिकायत करूँ भी क्या आख़िर
के जब रफीक़ ही कहता है बेवफा मुझको

तू करके तर्क ए ताल्लुक का तज़किरा मुझसे
यूँ बार-बार मेरे यार मत रुला मुझको
तुझे जो देखा तो आंखों में आ गया पानी
पता चला ही नहीं यार क्या हुआ मुझको
ये तेरे चेहरे की रंगत से हो गया मालूम
तु दिल ही दिल में बहुत चाहने लगा मुझको
ये तेरी याद भी अब रोज़ आती रहती है
ये तेरी याद ही कर देगी बावला मुझको
ज़रा सी बात पे कादिर तू रोने लगता है
हुवा है क्या तेरे दिल को तू ये बता मुझको

25. राम सेवक

राम सेवकजिला - कानपुर, पुखरायां (यू .पी)

गजल

मोहब्बत में तेरी जिए जा रहा हूं ।

गम-ए-अश्क अपने पिए जा रहा हूं ॥

दिया है जमाने ने मुझे दर्द ऐसा,

होठों को अपने सीए जा रहा हूं ।

मोहब्बत में तेरी जिए जा रहा हूं ॥1॥

मुबारक हो तुमको यह दिलकश जमाना,

जमाने के गम मैं लिए जा रहा हूं ।

मोहब्बत में तेरी जिए जा रहा हूं ||2||
शिकायत नहीं है मुझे अब किसी से,
मैं जख्मों को अपने लिए जा रहा हूं ।
मोहब्बत में तेरी जिए जा रहा हूं ||3||
कोई तो मेरी आंखों के पूछेगा आंसू ,
हसरत यह दिल में लिए जा रहा हूं ।
मोहब्बत में तेरी जिए जा रहा हू ||4||

26. सूफी आमिर रशीद अंसारी

सूफी आमिर रशीद अंसारीजिला - मुरादाबाद , कुंदरकी (
यू .पी)

ग़ज़ल

बेखुदी

मैं कहां से कहां आ गया ये देखो
बे खुदी का आलम किया है ये देखो।

चला था ढूढ़ ने उस को पता भी नहीं था
मेरे पागलपन का आलम किया है ये देखो।
सूना है बरसाये थे पत्थर जहां वालों ने
मेरी बेखबरी का आलम किया है ये देखो।
उस को तो खबर भी नहीं मेरी तन्हाई की
छोड़ के अकेला जो चला गया ये देखो।
जा कर उस को कोई खबर ये दे आया
मौत के कितने करीब आ गया ये देखो।

27. अल्हाज़ गोंडवी

अल्हाज़ गोंडवीगोंडा (यू .पी)

ग़ज़ल

अकलो खिरद की बात कोई मानता नहीं,
अब आदमी को आदमी पहचानता नहीं
इंसानियत का अब तो कहीं भी पता नहीं,
हर शख्स बेवफा है कोई बावफा नहीं
दौलत का नशा छाया है लोगो पे इस तरह,
लाचार मुफलिशों को कोई पूछता नहीं

मजहब के नाम पर फसादात हर जगह,
क्या कह रहा है धर्म कोई मानता नहीं
हालात के असीर है हर खासो आम आज,
किस जा फसाद फूटे कोई जानता नहीं
मुश्किल मे कोई काम नहीं आता है अलहाज,
ऐसे मे कोई अपना भी पहचानता नहीं

28. मामूना खान मूमी

मामूना खान मूमीलाहौर, पाकिस्तान

ग़ज़ल

सीख लूँ कोई हुनर जां से गुजरने के लिए
ज़िंदा रहना है जरूरी यहाँ मरने के लिए
फड़फड़ाने से ना हो उनके तो सय्याद हर्जीं
दाम काफी है मेरे पंख कतरने के लिए
यूँही दीवारे अना तो नहीं होती मिसमार
उम्र लग जाती है इस काम को करने के लिए

आसमां पर कोई सत रंग धनक है जिस को
ओढ़ना चाहूँ किसी रोज़ सँवरने के लिए
करना पड़ते है मुझे लाख जतन शमे फिराक
बाम- ओ- दर पर रुख रौशन कोई धरने के लिए
खुद को अच्छी तरह पहले से परखना ए दिल
डूब कर बहरे मोहब्बत से उभरने के लिए
चाहिए कच्चा घड़ा कोई तूझे भी मूमी
पार दरिया-ए- मोहब्बत के उतरने के लिए

29. खालिद नक़्क़ाश

खालिद नक़्क़ाश लाहौर, पाकिस्तान

ग़ज़ल

हमने सौ बार दी सदा फिर भी
दरे ज़िंदा ना खुल सका फिर भी
तीग़ गरदन पे रख दी दुनिया ने
नाम तेरा नहीं लिया फिर भी
हर कदम पे थी इक नई ठोकर
हमने बदला ना रास्ता फिर भी

लाख पहरे बैठाये मौसम ने
हम तक आती रही हवा फिर भी
अजनबी बनके वो मिला हमसे
दिल ना रास्ते पे आ सका फिर भी
काम आता है सारे लोगों के
और नक्काश है बुरा फिर फिर भी

30. शाहिद मिर्ज़ा

शाहिद मिर्ज़ालाहौर, पाकिस्तान

ग़ज़ल

ढूंढते हो क्यों ख़ुशी को आंसुओं के शहर में
ग़म मिला करते है यूँ ही नफरतों के शहर में
अपने साये से भी ना रखना कोई उम्मीद तुम
काम आएगा कोई क्या हासिदों के शहर में

हर दलील- ओ- हर खायत सब की सब रद है यहाँ
इक हुज़ूमे जाहिलां है आलिमों के शहर में
फिर रहे है कितने मजनू चाक दामां तशना लब
इश्क़ है रुसवा सरासर आशिकों के शहर में
सज रहा है फिर से मैदां कर्बला के वस्त में
फिर सरे - मकतल है कोई क़ूफ़ियों के शहर में
देखते ही देखते सब रास्ते गुम हो गए
मैं भटकता फिर रहा हूँ रहबरों के शहर में
है कोई जो मुझसे पूछे दर- बदर फिरता हूँ क्यों
छिन गया है सायबां भी ग़ासिबों के शहर में
लुटते- लुटते बच गया रस्ते में शाहिद जो गरीब
लुट गया आखिर में वो भी दोस्तों के शहर में